westermann

Fit fürs Gymnasium

10-Minuten-Trainer

Grundrechenarten

Übertritt

4 → 5

Fit fürs Gymnasium

10-Minuten-Trainer

Grundrechenarten

Autorin:
Julia Hacker ist Sonderpädagogin, Fachmoderatorin und arbeitet als Autorin für Schulbücher, Fachzeitschriften, Unterrichtsmaterialien und Lernhilfen

Druck A[4] / Jahr 2026
Alle Drucke der Serie A sind im Unterricht parallel verwendbar.

Redaktion: Ulrike Klein, Berlin
Illustrationen: Hans-Jürgen Feldhaus, Münster; Thies Schwarz, Hannover
Grafiken: Langner & Partner
Umschlaggestaltung und Layout: Janssen Kahlert Design & Kommunikation GmbH, Hannover
Umschlagfoto: Getty Images, München: Digital Vision/Rebecca Nelson
Druck und Bindung: Westermann Druck GmbH, Georg-Westermann-Allee 66, 38104 Braunschweig

ISBN 978-3-7426-**0293**-0

Vorwort

Liebe Schülerin, lieber Schüler,

du stehst kurz vor dem Übertritt von der 4. in die 5. Klasse und willst dich schnell noch einmal fit fürs Gymnasium machen? Dann ist der **10-Minuten-Trainer** genau das Richtige für dich! Mit diesem Arbeitsheft kannst du alle wichtigen Inhalte des Lernbereichs **Grundrechenarten** wiederholen und üben.

Zu jedem Thema gibt es eine **Doppelseite**, die du in 10 Minuten bearbeiten kannst. So wird der Stoff in übersichtliche Einheiten gegliedert, die dir das Lernen erleichtern.

Anschaulich erklärte **Regeln** und **Tipps** helfen dir bei der Bearbeitung der Aufgaben.

Natürlich gibt es in diesem Heft auch einen **Lösungsteil**, mit dessen Hilfe du überprüfen kannst, ob du die Übungsaufgaben richtig bearbeitet hast. Du findest ihn ab Seite 56.
Übrigens: Für jede gelöste Doppelseite darfst du dich mit einem **Erfolgssticker** belohnen. Klebe ihn einfach in das dafür vorgesehene Feld.

Wenn du im Fach Mathematik noch mehr üben möchtest, sieh dir doch auch den Band *Fit fürs Gymnasium* ***Intensiv-Trainer Übertritt 4→5 Mathematik*** (ISBN 978-3-07-241009-0) an. Dieses Arbeitsbuch bietet zahlreiche Übungen und Tests zu den wichtigsten Lernbereichen des gesamten Matheunterrichts der Grundschule.

Und damit deine Eltern dich auf deinem Weg ins Gymnasium noch besser unterstützen können, haben wir im Internet unter **www.westermann.de/uebertritt-gymnasium** hilfreiche Tipps und praktische Checklisten für sie zusammengestellt.

Viel Erfolg beim Üben mit dem **10-Minuten-Trainer**!

Das Lernhilfen-Team

Inhaltsverzeichnis

Kopfrechnen

Schriftliche Rechenverfahren

Rechenregeln

Gemischte Übungen

Addieren im Kopf

Im Zahlenraum bis 1 000 000 kannst du solche Aufgaben in der Regel gut im Kopf addieren, bei denen zum Beispiel ein Summand einstellig, eine glatte Zehner- oder Hunderterzahl ist.

Achte darauf, welcher **Stellenwert** sich verändert und ob **Überträge** zu beachten sind.

Bezeichnungen:

421 256	+	600	=	421 856
1. Summand		**2. Summand**		**Summe**

1 Rechne im Kopf.

a) 432 621 + 3 = ...

432 621 + 30 = ...

432 621 + 300 = ...

432 621 + 3 000 = ...

432 621 + 300 000 = ...

b) 817 413 + 100 000 = ...

246 583 + 6 = ...

914 625 + 400 = ...

364 791 + 5 000 = ...

872 561 + 80 = ...

Aufgabenmuster kann man fortsetzen. Um das Muster zu erkennen, untersuche, wie sich der **1. Summand**, der **2. Summand** und daraus folgend die **Summe** verändert.

2 **Setze die Aufgabenmuster fort. Addiere.**

A 431 225 + 2 100 = ...

431 225 + 2 200 = ...

431 225 + 2 300 = ...

.... + ... = ...

B 622 500 + 1 000 = ...

622 500 + 1 500 = ...

622 500 + 2 000 = ...

.... + ... = ...

3 **Welches Aufgabenmuster beschreibt Esra? Ergänze ihren letzten Satz.**

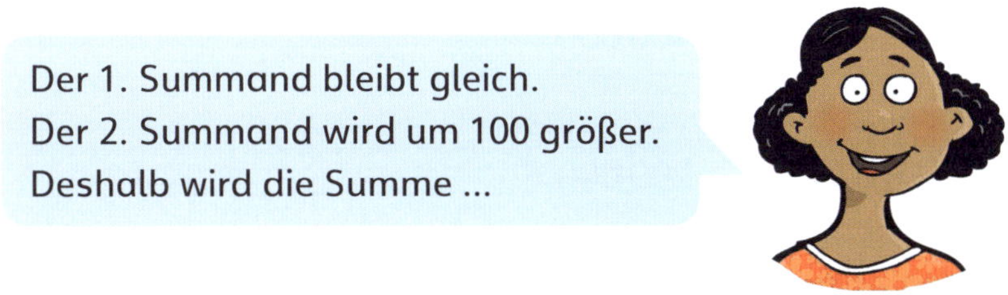

Deshalb wird die Summe ....

Esra beschreibt Aufgabenmuster **A** ☐ **B** ☐.

Hier kannst du deinen Erfolgssticker platzieren.

Subtrahieren im Kopf

Im Zahlenraum bis 1 000 000 kannst du solche Aufgaben in der Regel gut im Kopf subtrahieren, bei denen zum Beispiel der Subtrahend einstellig, eine glatte Zehner- oder Hunderterzahl ist.

Achte darauf, welcher **Stellenwert** sich verändert und ob **Überträge** zu beachten sind.

Bezeichnungen:

871 954	–	500	=	871 454
Minuend		**Subtrahend**		**Differenz**

1 Rechne im Kopf.

a) 675 465 – 4 = ……………………

675 465 – 40 = ……………………

675 465 – 400 = ……………………

675 465 – 4 000 = ……………………

675 465 – 400 000 = ……………………

b) 836 511 – 200 000 = ……………………

189 472 – 3 = ……………………

511 829 – 700 = ……………………

796 785 – 8 000 = ……………………

472 283 – 90 = ……………………

Aufgabenmuster kann man fortsetzen. Um das Muster zu erkennen, untersuche, wie sich der **Minuend**, der **Subtrahend** und daraus folgend die **Differenz** verändert.

2 Setze die Aufgabenmuster fort. Subtrahiere.

A 259 725 – 1 000 = ...

259 725 – 2 000 = ...

259 725 – 3 000 = ...

.... – .... = ...

B 152 780 – 2 000 = ...

154 780 – 3 000 = ...

156 780 – 4 000 = ...

.... – .... = ...

3 Welches Aufgabenmuster beschreibt Tim? Ergänze seinen letzten Satz.

Der Minuend wird um 2 000 größer.
Der Subtrahend wird um 1 000 größer
Deshalb wird die Differenz ...

Deshalb wird die Differenz ....

Tim beschreibt Aufgabenmuster **A** ☐ **B** ☐.

Hier kannst du deinen Erfolgssticker platzieren.

Zahlenmauern

In einer **Zahlenmauer** addierst du zwei nebeneinander stehende Zahlen und notierst die Summe in dem darüber liegenden Stein. Das ist eine gute Möglichkeit, um Kopfrechnen zu üben!

1 **Rechne im Kopf und fülle die Zahlenmauer aus.**

a)

7000	20	100	30

b)

40000	10000	350	50

c)

2000	500	10000	400

d)

8000	2500	1500	10500

TIPP

Wenn die Zahl im oberen Stein gegeben ist, musst du subtrahieren oder ergänzen.

2 Rechne im Kopf und fülle die Zahlenmauer aus.

a)

7 770			
4 440			
2 220			
660			

b)

75 000			
	52 000		
	5 000	9 000	29 000

c)

9 940			
	1 940		
	1 200		
			140

d)

3 950			
	2 500		
	1 250		
	75		

3 Welche Zahlen passen? Finde zwei Möglichkeiten.

a)

10 000			

b)

10 000			

Hier kannst du deinen Erfolgssticker platzieren.

Multiplizieren im Kopf

Beim Multiplizieren von und mit Zehner-, Hunderter-, Tausender-, Zehntausender- und Hunderttausender-Zahlen kannst du Analogien zum **kleinen Einmaleins** herstellen.

Beispiel:

4 ·	7 =	28
4 ·	70 =	280
40 ·	70 =	2800
400 ·	700 =	280000

Bezeichnungen:

40	· 70	= 2800
1. Faktor	**2. Faktor**	**Produkt**

1 **Rechne im Kopf.**

a) 4 · 9 = ...

4 · 90 = ...

4 · 900 = ...

4 · 9000 = ...

4 · 90000 = ...

b) 8 · 20 = ...

80 · 20 = ...

800 · 20 = ...

8000 · 20 = ...

80000 · 20 = ...

Bei **Multiplikations-Rechendreiecken** multiplizierst du zwei nebeneinander stehende Innenzahlen. Das Ergebnis (Produkt) notierst du auf der Außenlinie.

2 Fülle die Rechendreiecke aus.

a)

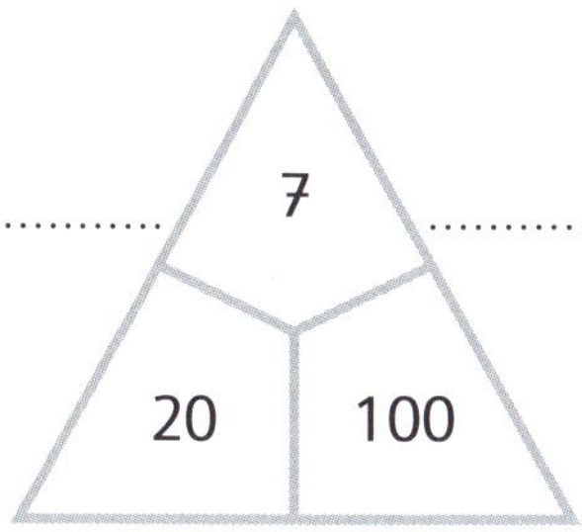

b)

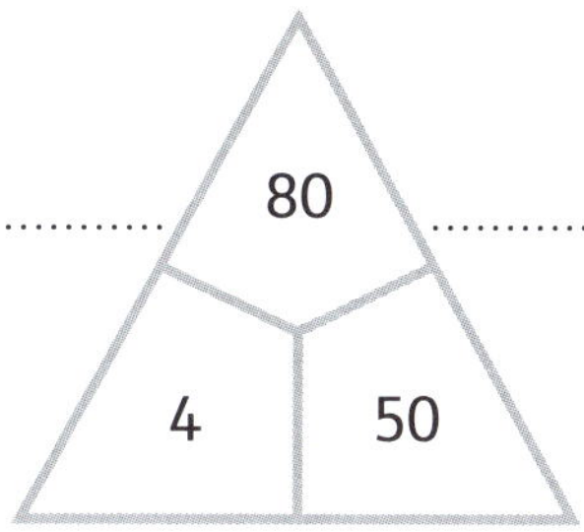

c)

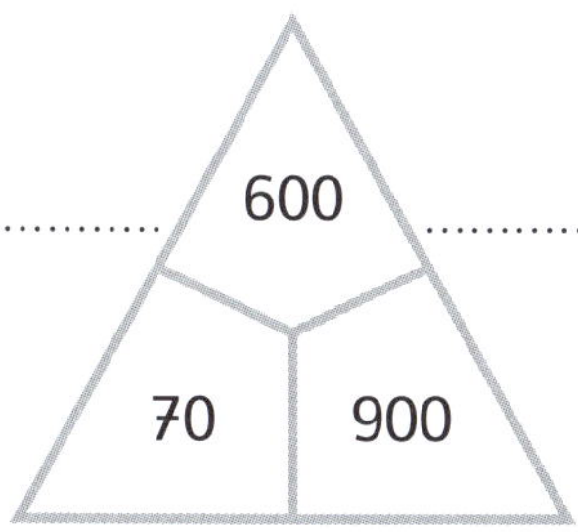

d)

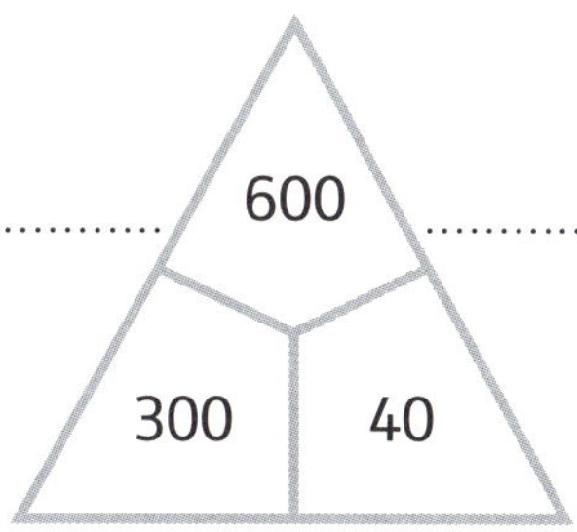

3 Finde zwei Multiplikationsaufgaben, die die folgende Zahl als Ergebnis haben.

a) 2400

....

....

b) 32000

....

....

Hier kannst du deinen Erfolgssticker platzieren.

Dividieren im Kopf

Beim Dividieren von und mit Zehner-, Hunderter-, Tausender-, Zehntausender- und Hunderttausender-Zahlen kannst du Analogien zum **kleinen Einmaleins** und dessen Umkehrung herstellen.

Beispiel:

54 : 9 = 6
540 : 9 = 60
54 000 : 90 = 600

Bezeichnungen:

4200	:	70	=	60
Dividend		**Divisor**		**Quotient**

1 **Rechne im Kopf.**

a)
45 : 5 = ...
450 : 5 = ...
4 500 : 5 = ...
45 000 : 5 = ...
450 000 : 5 = ...

b)
56 : 8 = ...
560 : 8 = ...
560 : 80 = ...
5 600 : 80 = ...
560 000 : 8 000 = ...

Bei **Multiplikations-Rechendreiecken** multiplizierst du zwei nebeneinander stehende Innenzahlen. Das Ergebnis (Produkt) notierst du auf der Außenlinie.

TIPP Fehlende Innenzahlen kannst du durch eine Divisionsaufgabe berechnen:
Außenzahl : Innenzahl = fehlende Innenzahl

2 **Fülle die Rechendreiecke aus.**

a)

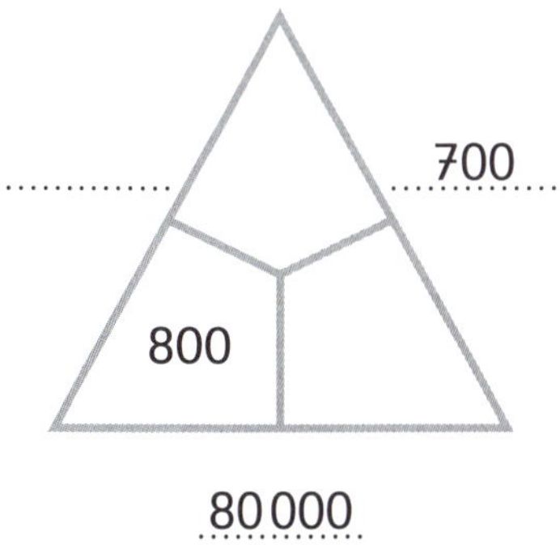

b)

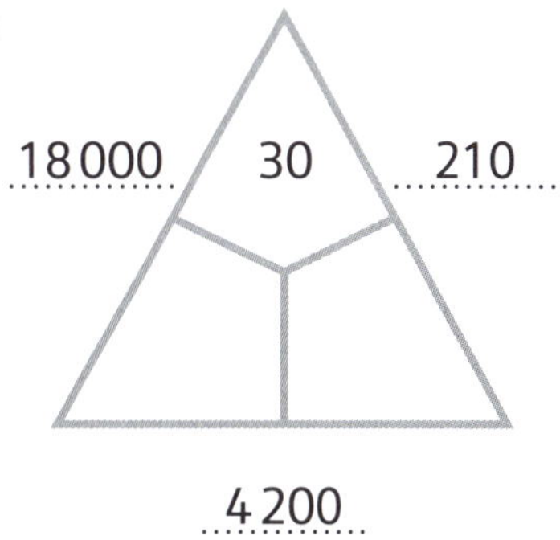

c)

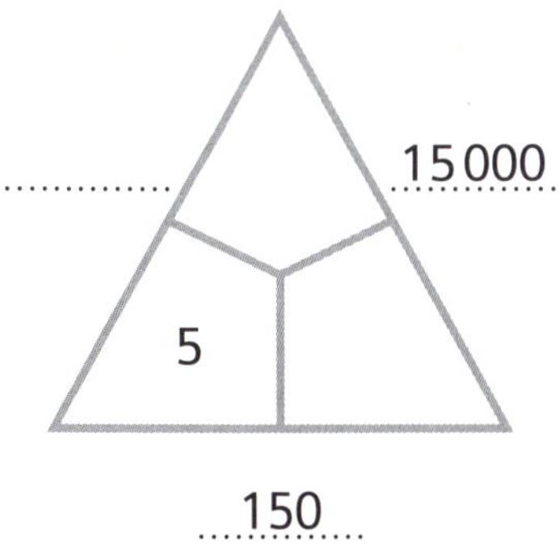

d)

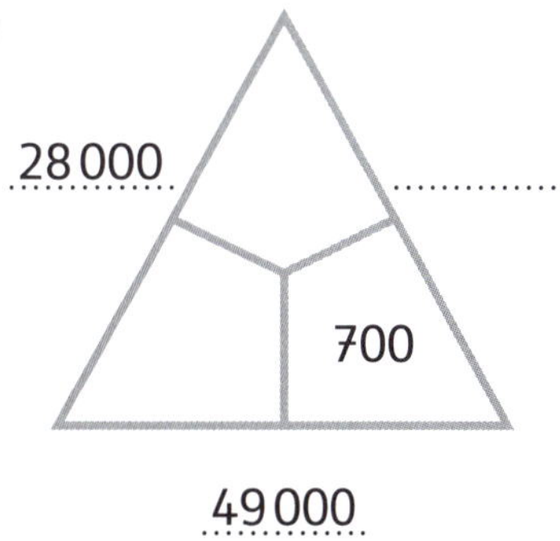

3 **Finde zwei Divisionsaufgaben, die die folgende Zahl als Ergebnis haben.**

a) 2400

....

....

b) 32000

....

....

Hier kannst du deinen Erfolgssticker platzieren.

Schriftliches Addieren von zwei Zahlen

Wenn du zwei oder mehrere Summanden schriftlich addierst, schreibe sie stellengerecht untereinander: Einer unter Einer (E), Zehner unter Zehner (Z) usw. Beim Addieren beginnst du immer mit den Einern. Wenn das Ergebnis eines Stellenwerts größer als 9 ist, notierst du den Übertrag unter den nächsten Stellenwert.

Beispiel:

	4	5	6	3	8
+	7	8	2	7	9
	1		1	1	
1	2	3	9	1	7

1 Addiere schriftlich.

a)

	1	2	7	4	2	3
+	6	1	4	2	1	6

b)

	8	3	6	1	0	9
+			8	7	2	1

c)

	5	3	4	6	2	9
+		7	4	2	8	0

d)

		7	6	2	5	4
+	1	0	6	7	2	1

e)

	6	5	7	4	8	8
+				9	1	6

f)

	2	9	9	0	9	9
+	1	1	1	1	1	1

2 **Schreibe die Zahlen stellengerecht untereinander und addiere schriftlich.**

a) 178 493 + 206 712

b) 508 627 + 31 495

c) 692 314 + 8 097

d) 99 789 + 314 476

3 **Welche Fehler wurden hier gemacht? Rechne richtig.**

A
Übertrag vergessen

B
Ziffern falsch addiert

C
Einer stehen nicht unter Einern

Jim

	3	2	7	4	0	8
+	1	2	2			
	4	4	9	4	0	8

Selina

	4	9	3	6	2	7
+			2	3	2	8
	4	9	5	9	4	5

Fehler: ....

Fehler: ....

Hier kannst du deinen Erfolgssticker platzieren.

Schriftliches Addieren von drei und mehr Zahlen

Das Rechenverfahren zum schriftlichen Addieren von drei und mehr Zahlen ist das gleiche wie für zwei Zahlen. Der Übertrag kann jetzt auch größer als 1 sein.

TIPP Prüfe beim schriftlichen Addieren von drei oder mehreren Zahlen deine Rechnung, indem du jeweils die Ziffern eines Stellenwerts in umgekehrter Reihenfolge addierst. Also statt 4 + 6 + 2 zum Beispiel 2 + 6 + 4.

1 Addiere schriftlich.

a)
$$\begin{array}{r} 57526 \\ +\ 18924 \\ +\ 845 \\ \hline \end{array}$$

b)
$$\begin{array}{r} 13495 \\ +\ 9723 \\ +\ 19 \\ \hline \end{array}$$

c)
$$\begin{array}{r} 81423 \\ +\ 292734 \\ +\ 845 \\ \hline \end{array}$$

d)
$$\begin{array}{r} 3714 \\ +\ 23 \\ +\ 15419 \\ \hline \end{array}$$

e)
$$\begin{array}{r} 89 \\ +\ 45821 \\ +\ 7460 \\ \hline \end{array}$$

f)
$$\begin{array}{r} 995 \\ +\ 19663 \\ +\ 88737 \\ \hline \end{array}$$

2 **Schreibe die Zahlen stellengerecht untereinander und addiere schriftlich.**

a) 98 692 + 6 787 + 184

b) 108 312 + 496 + 7 132

c) 467 + 12 751 + 92

d) 519 207 + 9 875 + 999

3 **Welche Ziffern fehlen?**

a)

	6	9	3		8
+	2		9	0	8
		9	2	5	6

b)

		2	7	4	7	
+	5		2	6		3
	6	4		1	7	1

c)

	4	9	5	6	1	2
+						
	6	9	7	9	5	6

d)

+	2	1	1	4	3	2
	9	5	5	3	2	4

Hier kannst du deinen Erfolgssticker platzieren.

Schriftliches Subtrahieren von einer Zahl

Auch beim Subtrahieren musst du darauf achten, dass du den Minuenden und den Subtrahenden stellengerecht untereinander schreibst: Einer unter Einer, Zehner unter Zehner usw. Du beginnst immer mit den Einern.

Es gibt verschiedene Verfahren für das schriftliche Subtrahieren: **Entbündeln**, **Erweitern** und **Auffüllen**. Wende das Verfahren an, das du gelernt hast.

Beispiel:

Entbündeln

	3	10 5	10		
	4	5	6	3	8
–	2	8	2	7	7
	1	7	3	6	1

Erweitern

		10		10	
	4	5	6	3	8
–	2	8	2	7	7
	1		1		
	1	7	3	6	1

Auffüllen

	4	5	6	3	8
–	2	8	2	7	7
	1		1		
	1	7	3	6	1

1 Subtrahiere schriftlich.

a) 227123 – 114216

b) 827105 – 315670

c) 817658 – 74392

d) 196289 – 6397

e) 466379 – 867

f) 999009 – 99119

2 **Schreibe die Zahlen stellengerecht untereinander und subtrahiere schriftlich.**

a) 668 581 – 106 562

b) 900 438 – 42 587

c) 773 520 – 6 158

d) 390 709 – 19 283

3 **Welche Fehler wurden hier gemacht? Rechne richtig.**

A
Ziffern falsch voneinander subtrahiert

B
Einer stehen nicht unter Einern

Lea

	4	8	3	5	1	9
–	1	6	2			
	3	2	1	5	1	9

Selim

	7	9	4	4	0	8
–			5	1	3	1
	7	9	1	3	3	7

Fehler: ....

Fehler: ....

Hier kannst du deinen Erfolgssticker platzieren.

Schriftliches Subtrahieren von zwei und mehr Zahlen

Wenn du mehr als eine Zahl subtrahierst, kannst du die Ziffern schrittweise subtrahieren (A) oder zunächst die Ziffern der Subtrahenden addieren und dann das Ergebnis von der Ziffer des Minuenden subtrahieren (B).

Beispiel:

A: Schrittweise subtrahieren

	3	8	7	9	
–		1	2	3	9 – 3 = 6
–			4	5	6 – 5 = 1
	3	7	1	1	

B: Erst addieren, dann subtrahieren

	3	8	7	9	
–		1	2	3	3 + 5 = 8
–			4	5	9 – 8 = 1
	3	7	1	1	

1 **Subtrahiere schriftlich.**

a)

	1	2	7	5	4	7
–			9	3	2	6
–				2	4	5

b)

	9	6	7	2	8	5
–	1	2	5	1	6	0
–			4	3	2	1

2 Schreibe die Zahlen stellengerecht untereinander und subtrahiere schriftlich.

a) 72687 – 4627 – 424

b) 547835 – 226 – 5132

c) 258654 – 14658 – 182

d) 99367 – 5924 – 999

3 Welche Ziffern fehlen?

a)

	8	9	5		9
–	4		3	0	8
		6	2	1	1

b)

		2	9	3	8	
–	2		1	6		5
	1	7		6	8	6

c)

	8	4	5	9	4	2
–						
	4	9	4	1	9	1

d)

–	1	7	7	5	4	0
	3	1	9	6	9	1

Hier kannst du deinen Erfolgssticker platzieren.

Schriftliches Multiplizieren mit einem einstelligen Faktor

Wenn du zwei Faktoren schriftlich multiplizierst, beginnst du immer bei den Einern. Achte darauf, dass du Einerstelle des Produkts genau unter die Einerstelle des 2. Faktors notierst. Entsteht ein **Übertrag**, merkst du ihn dir und addierst ihn zum Produkt der nächsten Stelle.

Beispiel:

1. Schritt	2. Schritt	3. Schritt
2 3 2 · 4	2 3 2 · 4	2 3 2 · 4
8	2 8	9 2 8
2 · 4 = 8	3 · 4 = 1 2	2 · 4 = 8
Schreibe 8	Schreibe 2, merke 1	Addiere 1, schreibe 9

1 Multipliziere schriftlich.

a) 8 1 0 9 · 5

b) 1 8 9 0 4 · 3

c) 2 5 4 1 2 · 6

d) 8 3 7 2 3 · 9

e) 1 1 2 0 9 2 · 7

f) 5 9 3 6 4 · 8

Wenn du mit Zehner- oder Hunderterzahlen schriftlich multiplizierst, notierst du beim Produkt die entsprechende Anzahl an Nullen:

Zehnerzahl

164 · 20
3280

Hunderterzahl

164 · 200
32800

2 **Multipliziere schriftlich mit Zehnerzahlen.**

a) 472 · 40

b) 2401 · 60

c) 7884 · 80

d) 6907 · 90

e) 11678 · 50

f) 14019 · 70

3 **Multipliziere schriftlich mit Hunderterzahlen.**

a) 613 · 400

b) 2037 · 300

c) 2107 · 400

d) 1906 · 300

e) 1578 · 600

f) 1026 · 800

Hier kannst du deinen Erfolgssticker platzieren.

Schriftliches Multiplizieren von mehrstelligen Faktoren

Beim Multiplizieren zweier mehrstelliger Faktoren beginnst du mit dem höchsten Stellenwert des 2. Faktors. Die Zwischenergebnisse werden anschließend schriftlich addiert.

Beispiel:

```
1 2 4 · 2 3
-----------
    2 4 8 0
+     3 7 2
-----------
    2 8 5 2
```

Du kannst die Schreibweise verkürzen und die Nullen am Ende weglassen.

1 Multipliziere schriftlich.

a) 302 · 41

b) 258 · 36

c) 871 · 25

d) 164 · 24

e) 496 · 86

f) 1407 · 213

2 **Multipliziere schriftlich.**

a) 8 2 4 · 1 2 6

b) 4 1 2 · 2 5 2

c) 3 0 2 · 1 2 4

d) 2 9 6 · 1 7 2

3 **Bilde mit den Ziffern 1, 2, 4, 6 und 8 eine vierstellige und eine einstellige Zahl. Multipliziere schriftlich.**

Jede Ziffernkarte darf nur einmal verwendet werden.

1	2	4	6	8

a) Das Produkt soll möglichst groß werden.

b) Das Produkt soll möglichst klein werden.

Hier kannst du deinen Erfolgssticker platzieren.

Schriftliches Dividieren durch eine einstellige Zahl

Beim schriftlichen Dividieren durch eine **einstellige Zahl** beginnst du immer damit, den **höchsten Stellenwert** des Dividenden durch den Divisor zu teilen. Der Rest wird notiert und bildet mit der nächsten Stelle des Dividenden eine neue Zahl, die durch den Divisor zu teilen ist.

Beispiel:

	H	Z	E				H	Z	E	
	7	9	2	:	3	=	2	6	4	7 H : 3 = 2 H, Rest 1 H denn 2 H · 3 = 6 H
–	6									
										19 Z : 3 = 6 Z Rest 1 Z, denn 6 Z · 3 = 18 Z
	1	9								
–	1	8								12 E : 3 = 4 Rest 0 E, denn 4 E · 3 = 12 E
		1	2							
	–	1	2							
			0							

Wenn du zwei Ziffern auf einmal nach unten holen musst, dann musst du im Ergebnis eine 0 einfügen!

Beispiel:

	4	9	4	2	:	7	=	7	0	6	49 H : 7 = 7 H, Rest 0 H denn 7 H · 7 = 49
–	4	9									
		0	4								4 Z : 7 = 0 Z Rest 4 Z
			0								
			4	2							
		–	4	2							42 E : 7 = 6 Rest 0 E, denn 6 E · 7 = 42 E
				0							

TIPP Wenn du die Zahl 0 durch eine Zahl ungleich 0 teilst, ist das Ergebnis immer 0.

1 Dividiere schriftlich.

a) 762 : 3 =

b) 572 : 4 =

2 Dividiere schriftlich.

a) 1659 : 7 =

b) 5925 : 3 =

c) 8524 : 4 =

d) 9396 : 3 =

e) 7105 : 5 =

f) 5104 : 2 =

Hier kannst du deinen Erfolgssticker platzieren.

Schriftliches Dividieren: Der Überschlag

Mit dem **Überschlag** kannst du überprüfen, ob dein Ergebnis **ungefähr** stimmen kann. So entdeckst du mögliche Rechenfehler und kannst dein Ergebnis abschätzen.

Achtung: Beim Dividieren musst du die Zahlen für den Überschlag so runden, dass der Dividend durch den Divisor teilbar ist.

Beispiel:
912 : 8; Überschlag 880 : 8 = 110; genaue Lösung: 912 : 8 = 114

1 **Dividiere schriftlich.**

a) 1 686 : 6

Ü: ....

b) 1 396 : 4

Ü: ....

a) 1 6 8 6 : 6 =

b) 1 3 9 6 : 4 =

TIPP Durch die Zahl 0 kann man nicht dividieren. Wenn der Divisor 0 ist, ergibt die Aufgabe keinen Sinn und ist nicht lösbar!

2 Überschlage und rechne dann genau.

a) 15 522 : 3

Ü: ....

b) 53 494 : 7

Ü: ....

a) 1 5 5 2 2 : 3 =

b) 5 3 4 9 4 : 7 =

3 Prüfe durch überschlagen. Welches Ergebnis könnte stimmen? Kreuze an.

a) 5 964 : 3

Ü: ....

- ☐ 1 217
- ☐ 1 988
- ☐ 2 403

b) 5 795 : 5

Ü: ....

- ☐ 2 408
- ☐ 1 159
- ☐ 962

c) 1 672 : 4

Ü: ....

- ☐ 592
- ☐ 418
- ☐ 372

Hier kannst du deinen Erfolgssticker platzieren.

Schriftliches Dividieren durch eine zweistellige Zahl

Durch eine **zweistellige** Zahl dividierst du schriftlich wie durch eine einstellige Zahl.

Mit der **Probe** kannst du genau überprüfen, ob dein Ergebnis stimmt. So entdeckst du mögliche Rechenfehler. Durch die Multiplikation des Quotienten mit dem Divisor erhältst du den Dividenden.

1 **Dividiere schriftlich.**

a) 456 : 12 =

b) 888 : 12 =

c) 2580 : 15 =

d) 1815 : 15 =

Fit fürs Gymnasium
10-Minuten-Trainer

Mein Stickerbogen

Für jede gelöste Doppelseite in diesem Arbeitsheft darfst du dich mit einem **Erfolgssticker** belohnen.
Suche dir einfach einen Sticker aus und klebe ihn in das dafür vorgesehene Feld am Ende jeder Doppelseite.

Illustrationen: Hans-Jürgen Feldhaus

960.165

TIPP

Oft ist es hilfreich, wenn du dir zu der zweistelligen Zahl die entsprechende Reihe aufschreibst. Beispiel:

$1 \cdot 12 = 12$	$6 \cdot 12 = 72$
$2 \cdot 12 = 24$	$7 \cdot 12 = 84$
$3 \cdot 12 = 36$	$8 \cdot 12 = 96$
$4 \cdot 12 = 48$	$9 \cdot 12 = 108$
$5 \cdot 12 = 60$	$10 \cdot 12 = 120$

2 **Dividiere schriftlich und führe die Probe durch.**

a) $38580 : 12 =$ Probe: $\cdot\ 12$

b) $59598 : 14 =$ Probe: $\cdot\ 14$

Hier kannst du deinen Erfolgssticker platzieren.

Schriftliches Dividieren mit Rest

Wenn ein Dividend nicht durch den Divisor teilbar ist, bleibt ein Rest übrig. Dieser wird mit einem **R** oder dem Wort **Rest** gekennzeichnet.
Beispiel:

	4	1	3	:	3	=	1	3	7	Rest 2
–	3									
	1	1								
	–	9								
		2	3							
	–	2	1							
			2							

1 **Dividiere schriftlich.**

a) 8 6 2 7 : 6 =

b) 2 4 1 9 8 : 7 =

2 Welche Ziffern fehlen? Trage ein.

```
a)   1 □ □ 4 : □ = 3 5 □
   - 1 2
     2 □
   - □ □
       2 □
     - □ □
         0

b)   □ □ □ 0 : 5 = □ □ 6
   - 1 5
       1 □
     - 1 5
         3 □
       - □ □
           0

c)   □ □ 4 □ : 6 = □ □ 7
   - 1 2
       3 4
     - □ □
         4 □
       - 4 □
           0
```

Hier kannst du deinen Erfolgssticker platzieren.

Gemischte Übungen zum schriftlichen Rechnen

Alle schriftlichen Rechenverfahren sind besprochen – es folgen noch ein paar gemischte Übungen.

1 Schreibe die Zahlen stellengerecht untereinander und rechne schriftlich.

a) 248 073 + 52 799

b) 669 437 + 29 618

c) 362 759 – 28 799

d) 31 568 – 7 989

2 Welche Ziffern fehlen?

a)

		7	9	4	□	3
	–	2	□	1	0	6
		□	0	3	0	7

b)

	□	4	4	2	9	□
+	6	□	2	3	□	0
	9	1	□	6	4	9

3 Multipliziere schriftlich.

a) 61 813 · 7

b) 9 376 · 80

c) 20 902 · 36

d) 3 415 · 127

4 Überschlage und rechne dann genau.

a) Ü: ....

4 2 9 6 : 6 =

b) Ü: ....

4 7 5 6 : 4 =

Hier kannst du deinen Erfolgssticker platzieren.

Gemischte Übungen zum schriftlichen Rechnen

Mit den **Multiplikations-Rechendreiecken** kannst du nochmal Multiplizieren und Dividieren üben.

1 **Fülle die Rechendreiecke aus.**

a)

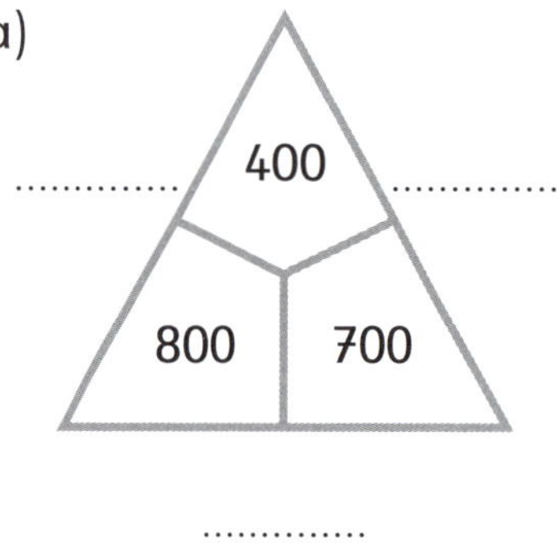

b)

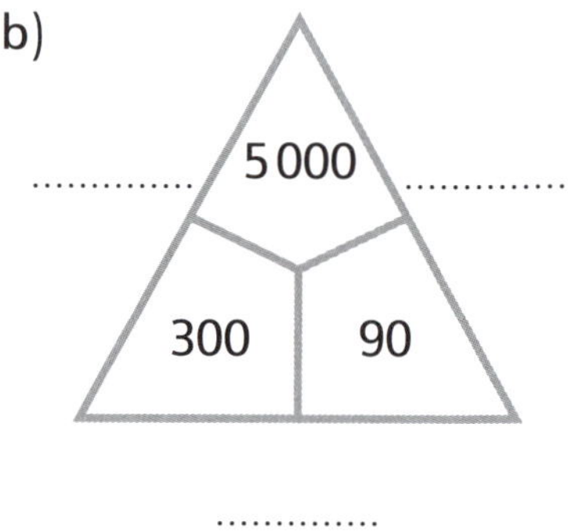

c)

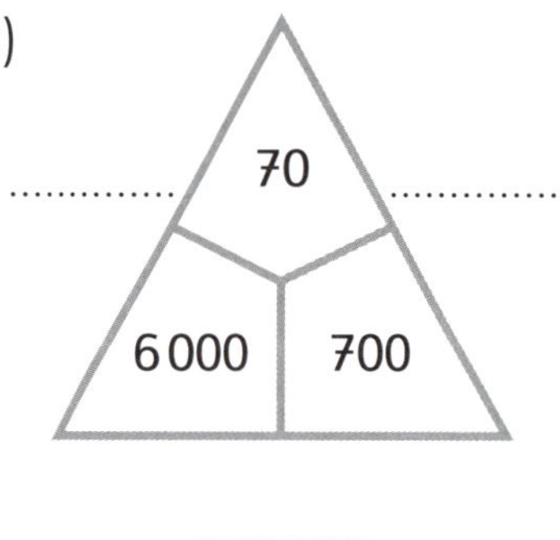

d)

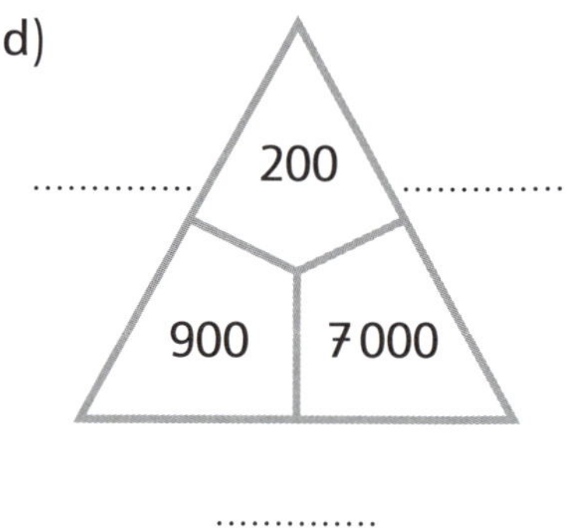

2 Fülle die Rechendreiecke aus.

a)

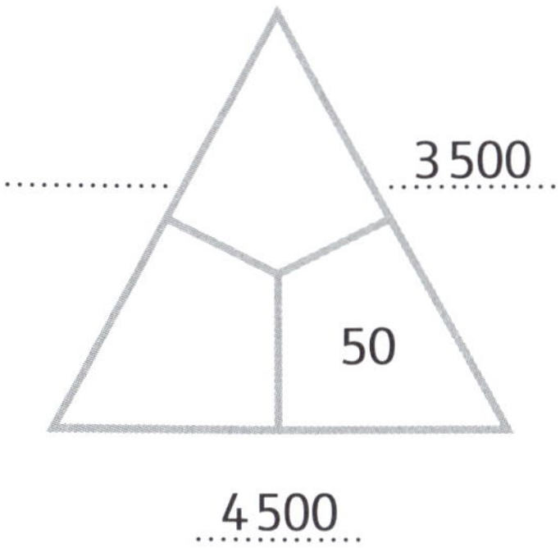

b)

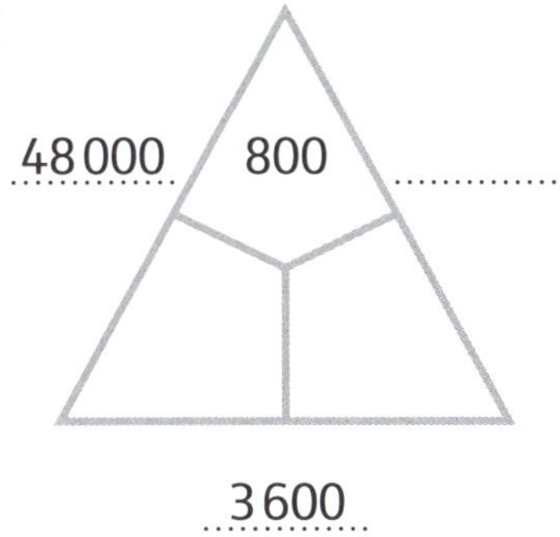

c)

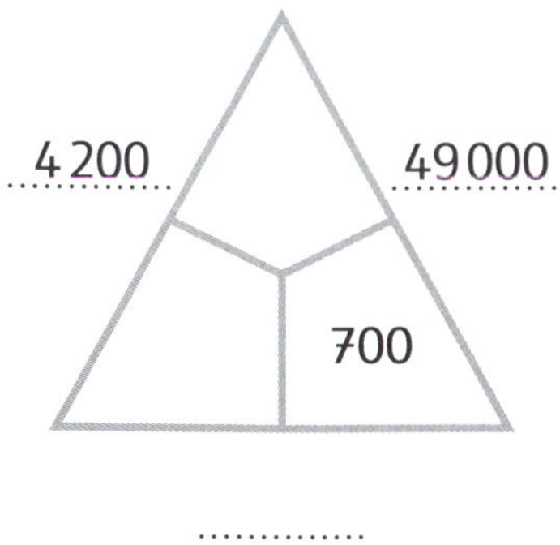

d)

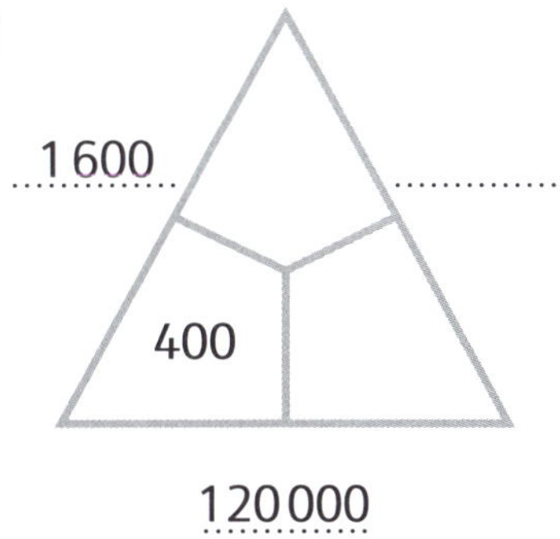

e)

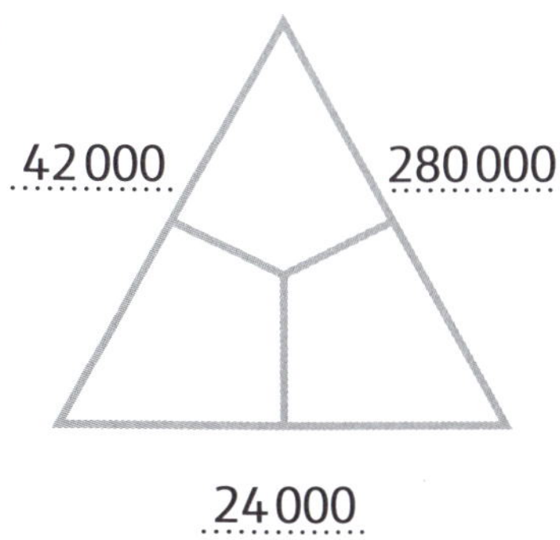

f)

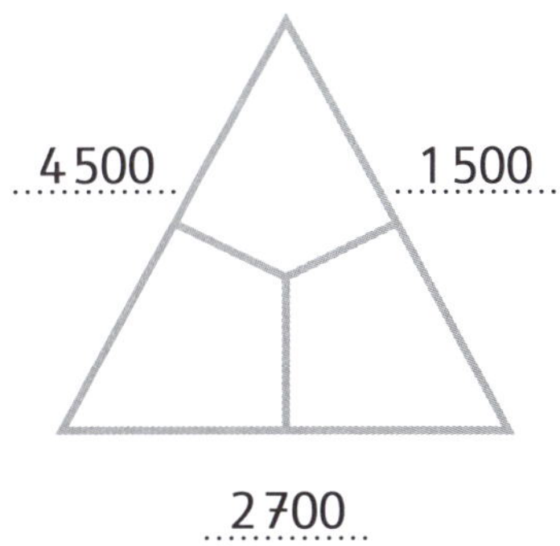

Hier kannst du deinen Erfolgssticker platzieren.

Zahlenrätsel

Rechenaufgaben können auch in ganzen Sätzen gestellt werden. Dann musst du die Rechenaufgabe aus dem Text schließen. Entscheide selbst, ob du die Aufgabe im Kopf oder schriftlich lösen willst.

1 Löse die Zahlenrätsel.

a) Addiere die Zahlen 74 300 und 820.

b) Multiplizieren die Faktoren 8 000 und 70.

c) Subtrahiere 8 100 von 17 000.

d) Dividiere 810 000 durch 900.

e) Bilde das Produkt aus 7 und 60 000.

f) Addiere zu 43 570 das Doppelte von 2 500.

g) Dividiere 180 000 durch 3 000.

h) Subtrahiere von 1 279 die Zahl 625.

2 **Bestimme die gesuchte Zahl.**

a) Wenn ich meine Zahl mit dem Faktor 70 multipliziere, erhalte ich das Produkt 2 800.

b) Wenn ich meine Zahl durch 4 dividiere, erhalte ich den Quotienten 7 000.

c) Wenn ich von meiner Zahl 780 subtrahiere, erhalte ich die Differenz 22 295.

d) Wenn ich zu meiner Zahl 1 387 addiere, erhalte ich die Summe 21 397.

3 **Bestimme die beiden gesuchten Zahlen.**

a) Ich denke mir zwei Zahlen. Ihre Summe ist 45 und ihr Produkt ist 500.

b) Ich denke mir zwei Zahlen. Ihr Produkt ist 400 und ihre Differenz ist 0.

Hier kannst du deinen Erfolgssticker platzieren.

Punktrechnung vor Strichrechnung und Klammern

Unter **Punktrechnung** versteht man Multiplikation („·“) und Division („:“), unter **Strichrechnung** Addition („+“) und Subtraktion („–“). Punktrechnungen werden immer **vor** den Strichrechnungen durchgeführt.

Beispiel: $5 + 7 \cdot 3 = 5 + 21 = 26$

Wenn in einer Aufgabe **Klammern ()** gesetzt werden, dann wird zuerst die Rechnung in der Klammer durchgeführt. Klammern ändern also die Reihenfolge.

Beispiel: $(5 + 7) \cdot 3 = 12 \cdot 3 = 36$

1 Berechne. Notiere dir Zwischenrechnungen wenn nötig.

a) $50 + 5 \cdot 4 =$ ……………………

$200 : 20 - 5 =$ ……………………

$1\,870 - 20 \cdot 7 =$ ……………………

$90 \cdot 4 + 12\,500 =$ ……………………

b) $18\,250 + (75 - 25) =$ ……………………

$(1\,450 - 350) : 10 =$ ……………………

$25\,000 : (750 - 250) =$ ……………………

$(81\,000 - 11\,000) \cdot 3 =$ ……………………

2 Berechne. Notiere dir Zwischenrechnungen wenn nötig.

a) 240 000 : (800 – 200) = ...

240 000 : 800 – 200 = ...

36 000 – 6 000 · 6 = ...

(36 000 – 6 000) · 6 = ...

b) 270 + 180 : 9 = ...

(270 + 180) : 9 = ...

100 · 800 – 80 = ...

100 · (800 – 80) = ...

3 Welche Rechnung passt zum Text? Kreuze an und rechne.

a) Multipliziere die Zahl 40 mit der Zahl 6 und addiere 85.

☐ 40 · 6 + 85 = ...

☐ 40 · (6 + 85) = ...

b) Addiere zu der Zahl 12 370 die Zahl 630 und dividiere die Summe durch 10.

☐ (12 370 + 630) : 10 = ...

☐ 12 370 + 630 : 10 = ...

Hier kannst du deinen Erfolgssticker platzieren.

Vielfache und Teiler

Du erhältst ein **Vielfaches** einer Zahl, indem du die Zahl mit einer zweiten Zahl multiplizierst. Jede Zahl hat unendlich viele Vielfache.

Beispiel: Vielfache von 6 sind 6, 12, 18, 24, 30, 36, 42, 48, 54, 60, 66, 72 …

Teiler einer Zahl sind die Zahlen, durch die man diese Zahl ohne Rest teilen kann. Jede Zahl hat eine bestimmte (endliche) Anzahl Teiler.

Beispiel: Die Teiler von 12 sind 1, 2, 3, 4, 6, 12.

1 **Schreibe die Vielfachen von 6 auf, die größer als 13 und kleiner als 45 sind.**

....

2 **Schreibe die Vielfachen von 7 auf, die größer als 50 und kleiner als 93 sind.**

....

3 **Schreibe die Vielfachen von 9 auf, die größer als 80 und kleiner als 129 sind.**

....

4 **Welche Zahlen sind Vielfache? Prüfe mit dem Taschenrechner und kreise ein.**

a) Vielfache von 11:

11 33 42
98 110 133
4145 1925

b) Vielfache von 55:

110 250 550
615 1 265 1 765
1 990 2 365

5 **Schreibe alle Teiler von 20 auf.**

....

6 **Schreibe alle Teiler von 24 auf.**

....

7 **Schreibe alle Teiler von 32 auf.**

....

8 **Welche Zahlen sind Teiler? Kreise ein.**

a) Teiler von 45:

1 2 3 4 5
6 7 8 9 10
11 12 13 14 15

b) Teiler von 96:

1 2 3
4 7 6
18 24 48

Hier kannst du deinen Erfolgssticker platzieren.

Teilbarkeitsregeln

Eine natürliche Zahl ist durch eine andere natürliche Zahl teilbar, wenn kein Rest übrig bleibt.

Die Quersumme einer Zahl ist die Summe der Ziffern der Zahl. Beispielsweise ist die Quersumme von 423 also $4 + 2 + 3 = 9$.

Für einige Teiler ergeben sich damit Teilbarkeistregeln:

Eine Zahl ist durch 2 teilbar, wenn sie gerade ist, also die letzte Ziffer eine 0, 2, 4, 6, 8 ist.

Eine Zahl ist durch 3 teilbar, wenn ihre Quersumme ohne Rest durch 3 teilbar ist.

Eine Zahl ist durch 4 teilbar, wenn die aus den letzten beiden Ziffern gebildete Zahl durch 4 teilbar ist.

Eine Zahl ist durch 5 teilbar, wenn die letzte Ziffer eine 0 oder 5 ist.

Eine Zahl ist durch 6 teilbar, wenn sie sowohl durch 2 als auch durch 3 teilbar ist.

Eine Zahl ist durch 8 teilbar, wenn die aus den letzten drei Ziffern gebildete Zahl durch 4 teilbar ist.

Eine Zahl ist durch 9 teilbar, wenn ihre Quersumme durch 9 ohne Rest teilbar ist.

Eine Zahl ist durch 10 teilbar, wenn die letzte Ziffer eine 0 ist.

1 **Welche Zahlen sind durch 2, 4, 5, 8 oder 10 teilbar? Kreuze an!**

	81 316	71 920	7 312	6 705
teilbar durch 2				
teilbar durch 4				
teilbar durch 5				
teilbar durch 8				
teilbar durch 10				

2 **Notiere drei Zahlen, die durch 4 und 8 teilbar sind.**

....

3 **Welche Zahlen sind durch 3, 6 oder 9 teilbar? Kreuze an!**

	1 890	7 254	2 000	12 753
teilbar durch 3				
teilbar durch 6				
teilbar durch 9				

4 **Notiere drei Zahlen, die durch 3 teilbar sind.** ....

5 **Notiere drei Zahlen, die durch 6 teilbar sind.** ....

6 **Notiere drei Zahlen, die durch 9, aber nicht durch 6 teilbar sind.**

....

Hier kannst du deinen Erfolgssticker platzieren.

Primzahlen

Primzahlen sind nur durch 1 und sich selbst teilbar. 1 ist keine Primzahl.

Um alle Primzahlen in einer Zahlenmenge zu finden – zum Beispiel der Menge der Zahlen von 1 bis 100 – kannst du folgendermaßen vorgehen:

- Streiche 1 durch, weil sie keine Primzahl ist.
- Kreise die Primzahl 2 ein. Streiche alle Vielfachen von 2 durch, da sie keine Primzahlen sind.
- Die nächste Zahl, die nicht durchgestrichen ist, muss eine Primzahl sein. Kreise sie ein.
- Streiche alle Vielfachen dieser Zahl durch, da sie keine Primzahlen sind.
- Setze fort.

1 Welche dieser Zahlen sind Primzahlen? Nutze die Teilbarkeitsregeln. Kreise ein.

20	23	31	32	44	47	48
72	87	111	245	270	369	421

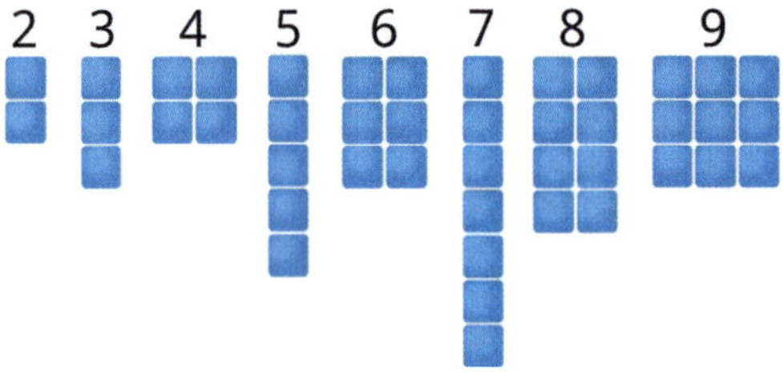

Aus Kacheln kann man Rechtecke legen. Bei Primzahlen ist dann die eine Seitenlänge immer 1!

2 Finde alle Primzahlen von 1 bis 100.

1	2	3	4	5	6	7	8	9	10
11	12	13	14	15	16	17	18	19	20
21	22	23	24	25	26	27	28	29	30
31	32	33	34	35	36	37	38	39	40
41	42	43	44	45	46	47	48	49	50
51	52	53	54	55	56	57	58	59	60
61	62	63	64	65	66	67	68	69	70
71	72	73	74	75	76	77	78	79	80
81	82	83	84	85	86	87	88	89	90
91	92	93	94	95	96	97	98	99	100

3 Notiere alle Primzahlen von 0 bis 100.

....

....

....

....

Hier kannst du deinen Erfolgssticker platzieren.

Gemischte Übungen

Addieren und Subtrahieren

Wiederhole:

- Addieren und subtrahieren im Kopf
- Aufgabenmuster
- schriftliches Addieren und subtrahieren

Rechne dann die folgenden gemischten Aufgaben!

1 Rechne im Kopf.

A 872 916 – 12 000 = ...

874 916 – 11 500 = ...

876 916 – 11 000 = ...

.... – .... = ...

B 443 529 – 210 000 = ...

443 529 – 215 000 = ...

443 529 – 220 000 = ...

.... – .... = ...

2 Welches Aufgabenmuster beschreibt Can? Ergänze seinen letzten Satz.

Der Minuend bleibt immer gleich
Der Subtrahend wird um 5 000 größer
Deshalb wird die Differenz ...

Deshalb wird die Differenz ....
Can beschreibt Aufgabenmuster **A** ☐ **B** ☐.

3 Setze das Aufgabenmuster nach der folgenden Beschreibung fort.

Der 1. Summand wird immer um 2400 kleiner.
Der 2. Summand wird immer um 2600 größer.

Deshalb wird die Summe ....

280 231 + 25 400 = ...

.... + ... = ...

.... + ... = ...

.... + ... = ...

4 Schreibe die Zahlen stellengerecht untereinander und addiere schriftlich.

a) 122 324 + 123 425 + 184 356

b) 23 967 + 312 + 8 964

Hier kannst du deinen Erfolgssticker platzieren.

Gemischte Übungen

Multiplizieren und Dividieren

Wiederhole:

- Multiplizieren und dividieren im Kopf
- schriftlich multiplizieren und dividieren
- Rechendreiecke

Und rechne dann die folgenden gemischten Aufgaben!

1 **Dividiere schriftlich und führe die Probe durch.**

4 0 9 9 2 : 1 2 =

Probe:

· 1 2

2 **Welche Ziffern fehlen? Trage ein.**

```
  _ _ 6 _ 0 : 3 0 = _ _ 5 _
- 3 0
    7 _
  - _ _
    1 6 _
  - _ _ _
      1 2 _
      _ _ _
          0
```

3 **Fülle die Rechendreiecke aus.**

a)

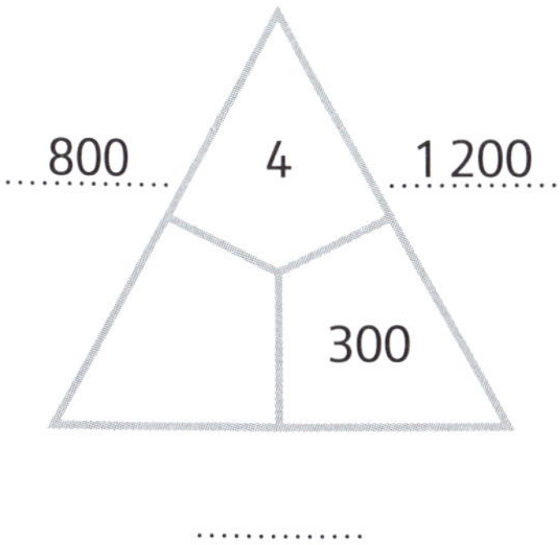

b)

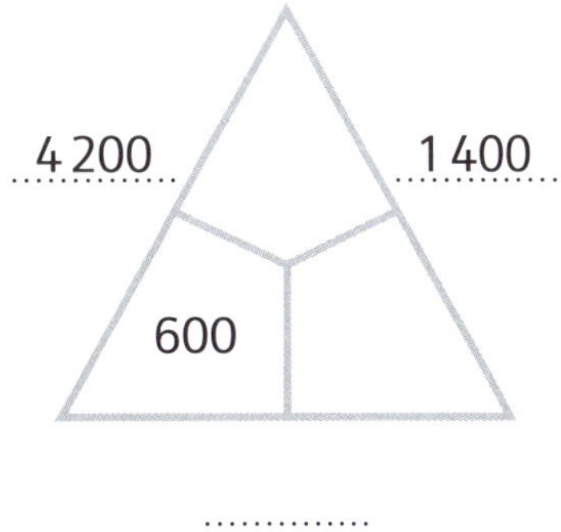

c)

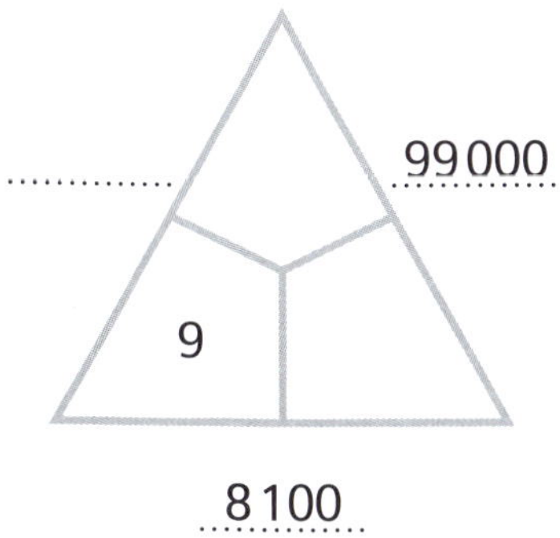

d)

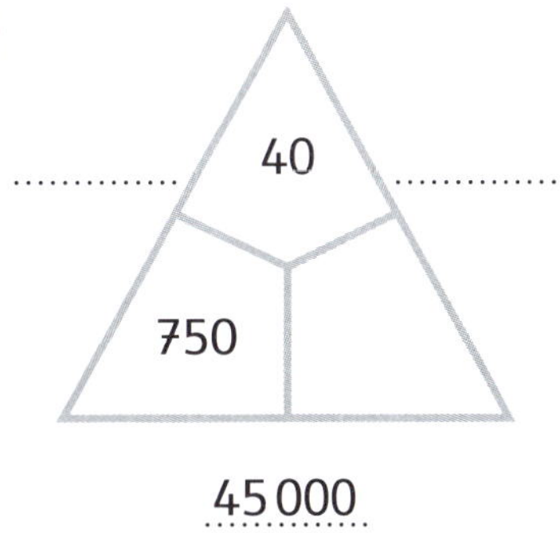

e)

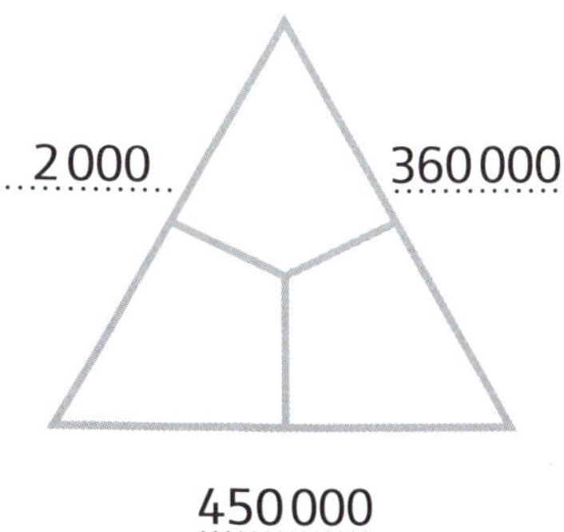

f)

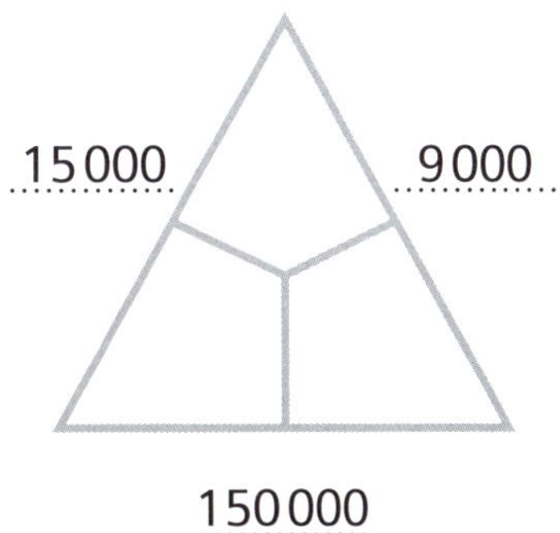

Hier kannst du deinen Erfolgssticker platzieren.

Gemischte Übungen

Rechen- und Teilbarkeitsregeln

Wiederhole:

- Rechenregeln
- Zahlenrätsel
- Vielfache und Teiler
- Teilbarkeitsregeln

Und rechne dann die folgenden gemischten Aufgaben!

1 Rechne im Kopf.

a) $3\,500 + 2\,100 : 7 =$ ....

b) $(3\,500 + 2\,100) : 7 =$ ....

c) $200 \cdot 300 - 30 =$ ....

d) $200 \cdot (300 - 30) =$ ....

2 Welche Rechnung passt zum Text? Kreuze an und rechne.

Multipliziere die Zahl 70 mit der Summe der Zahl 8 und der Zahl 192.

☐ $70 \cdot 8 + 192 =$ ....

☐ $70 \cdot (8 + 192) =$ ....

3 Schreibe die Vielfachen von 5 auf, die größer als 50 und kleiner als 85 sind.

....

4 Schreibe die Vielfachen von 8 auf, die größer als 70 und kleiner als 115 sind.

....

5 **Welche Zahlen sind Teiler? Kreise ein.**

a) Teiler von 100:

1 2 3 4 5

10 20 30 50 100

b) Teiler von 75:

1 2 3 4 5

10 15 25 45 75

6 **Welche Zahlen sind durch 2, 4, 5, 8 oder 10 teilbar? Kreuze an!**

	91 204	64 615	3 322	2 800
teilbar durch 2				
teilbar durch 4				
teilbar durch 5				
teilbar durch 8				
teilbar durch 10				

7 **Welche Zahlen sind durch 3, 6 oder 9 teilbar? Kreuze an!**

	2 790	1 264	1 809	33 333
teilbar durch 3				
teilbar durch 6				
teilbar durch 9				

Hier kannst du deinen Erfolgssticker platzieren.

Kopfrechnen

Seite 6

1. a) 432621 + 3 = 432624
432621 + 30 = 432651
432621 + 300 = 432921
432621 + 3000 = 435621
432621 + 300000 = 732621
b) 817413 + 100000 = 917413
246583 + 6 = 246589
914625 + 400 = 915025
364791 + 5000 = 369791
872561 + 80 = 872641

Seite 7

2. A 431 225 + 2 100 = 433 325
431 225 + 2 200 = 433 425
431 225 + 2 300 = 433 525
Der zweite Summand wird in jeder Aufgabe um 100 größer. Die nächste Aufgabe ist also:
431 225 + 2400 = 433625
B 622500 + 1000 = 623500
622500 + 1500 = 624000
622500 + 2000 = 624500
Der zweite Summand wird in jeder Aufgabe um 500 größer. Die nächste Aufgabe ist also:
622500 + 2500 = 625000
3. „Deshalb wird die Summe um 100 größer.“
Esra beschreibt Aufgabenmuster A.

Seite 8

1. a) 675465 – 4 = 675461
675465 – 40 = 675425
675465 – 400 = 675065
675465 – 4000 = 671465
675465 – 400000 = 275465
b) 836511 – 200000 = 636511
189472 – 3 = 189469
511829 – 700 = 511129
796785 – 8000 = 788785
472283 – 90 = 472193

Seite 9

2. A 259725 – 1000 = 258725
259725 – 2000 = 257725
259725 – 3000 = 256725
Der Subtrahend wird in jeder Aufgabe um 1000 größer. Die nächste Aufgabe ist also:
259725 – 4000 = 255725
B 152780 – 2000 = 150780
154780 – 3000 = 151780
156780 – 4000 = 152780
Der Minuend wird in jeder Aufgabe um 2000 größer, der Subtrahend um 1000 größer. Die nächste Aufgabe ist also:
158780 – 5000 = 153780
3. „Deshalb wird die Differenz um 1000 größer.“
Tim beschreibt Aufgabenmuster B.

Seite 10

1.
a)
7390
7140 | 250
7020 | 120 | 130
7000 | 20 | 100 | 30

b)
71100
60350 | 10750
50000 | 10350 | 400
40000 | 10000 | 350 | 50

c)
33900
13000 | 20900
2500 | 10500 | 10400
2000 | 500 | 10000 | 400

d)
30500
14500 | 16000
10500 | 4000 | 12000
8000 | 2500 | 1500 | 10500

Seite 11

2.
a)
7770
4440 | 3330
2220 | 2220 | 1110
660 | 1560 | 660 | 450

b)
75000
23000 | 52000
9000 | 14000 | 38000
4000 | 5000 | 9000 | 29000

c)
9940
8000 | 1940
6800 | 1200 | 740
6200 | 600 | 600 | 140

d)
3950
1450 | 2500
200 | 1250 | 1250
125 | 75 | 1175 | 75

3. Zwei Beispiellösungen
a)
10000
5000 | 5000
4000 | 1000 | 4000
3500 | 500 | 500 | 3500

b)

		10 000	
	1 050	8 950	
50	1 000	7 950	
20	30	970	6 980

Seite 12

1. a)
4 · 9 = 36
4 · 90 = 360
4 · 900 = 3 600
4 · 9 000 = 36 000
4 · 90 000 = 360 000

b)
8 · 20 = 160
80 · 20 = 1 600
800 · 20 = 16 000
8 000 · 20 = 160 000
80 000 · 20 = 1 600 000

Seite 13

2.

a)
140 — 7 — 700
20 | 100
2 000

b)
320 — 80 — 4 000
4 | 50
200

c)
42 000 — 600 — 540 000
70 | 900
63 000

d)
180 000 — 600 — 24 000
300 | 40
12 000

3. Beispiellösungen:
a) 40 · 60 = 2 400; 30 · 80 = 2 400
b) 80 · 400 = 32 000; 160 · 200 = 32 000

Seite 14

1. a)
45 : 5 = 9
450 : 5 = 90
4 500 : 5 = 900
45 000 : 5 = 9 000
450 000 : 5 = 90 000

b)
56 : 8 = 7
560 : 8 = 70
560 : 80 = 7
5 600 : 80 = 70
560 000 : 8 000 = 70

Seite 15

2.

a)
5 600 — 7 — 700
800 | 100
80 000

b)
18 000 — 30 — 210
600 | 7
4 200

c)
2 500 — 500 — 15 000
5 | 30
150

d)
28 000 — 400 — 280 000
70 | 700
49 000

3. Beispiellösungen:
a) 4800 : 2 = 2400; 24000 : 10 = 2400
b) 64000 : 2 = 32000;
   160000 : 5 = 32000

Noch mehr Erläuterungen, Tipps und Übungen zum Kopfrechnen findest du im ersten Kapitel von *Fit fürs Gymnasium* ***Intensiv-Trainer Übertritt 4 → 5 Mathematik*** (978-3-507-23272-3)

Schriftliche Rechenverfahren

Seite 16

1. a

```
 127423
+614216
  1
-------
 741639
```

b

```
 836109
+  8721
  1  1
-------
 844830
```

c

```
 534629
+ 74280
 1  1
-------
 608909
```

d

```
  76254
+106721
  1
-------
 182975
```

e

```
 657488
+   916
   111
-------
 658404
```

f

```
 299099
+111111
 11 11
-------
 410210
```

Seite 17

2. a

```
 178493
+206712
  111
-------
 385205
```

b

```
 508627
+ 31495
  1111
-------
 540122
```

c

```
 692314
+  8097
 11 11
-------
 700411
```

d

```
  99789
+314476
 11111
-------
 414265
```

3. Jim: Fehler C, richtige Rechnung:

```
 327408
+   122
     1
-------
 327530
```

Selina: Fehler A, richtige Rechnung:

```
 493627
+  2328
     1
-------
 495955
```

Seite 18

1. a

```
 57526
+18924
+  845
 12 1
------
 77295
```

b

```
 13495
+ 9723
+   19
 1111
------
 23237
```

c

```
  81423
+292734
+   845
 1 211
-------
 375002
```

d

```
  3714
+   23
+15419
  1 1
------
 19156
```

e

```
    89
+45821
+ 7460
 1111
------
 53370
```

f

```
   995
+19663
+88737
 1211
------
109395
```

Seite 19

2. a

```
 98692
+ 6787
+  184
 1121
------
105663
```

b

```
 108312
+   496
+  7132
  1 11
-------
 115940
```

c

```
   467
+12751
+   92
  121
------
 13310
```

d

```
 519207
+  9875
+   999
  2212
-------
 530081
```

3. a

```
 69348
+29908
 11 1
------
 99256
```

b

```
 127478
+512693
  1111
-------
 640171
```

c

```
 495612
+202344

-------
 697956
```

d

```
 743892
+211432
   11
-------
 955324
```

Seite 20

1. a		2	2	7	1	2	3
	−	1	1	4	2	1	6
				1		1	
		1	1	2	9	0	7

b		8	2	7	1	0	5
	−	3	1	5	6	7	0
				1	1		
		5	1	1	4	3	5

c		8	1	7	6	5	8
	−		7	4	3	9	2
		1			1		
		7	4	3	2	6	6

d		1	9	6	2	8	9
	−			6	3	9	7
			1	1	1		
		1	8	9	8	9	2

e		4	6	6	3	7	9
	−				8	6	7
				1			
		4	6	5	5	1	2

f		9	9	9	0	0	9
	−		9	9	1	1	9
		1	1	1	1		
		8	9	9	8	9	0

Seite 21

2. a		6	6	8	5	8	1
	−	1	0	6	5	6	2
						1	
		5	6	2	0	1	9

b		9	0	0	4	3	8
	−		4	2	5	8	7
		1	1	1	1		
		8	5	7	8	5	1

c		7	7	3	5	2	0
	−			6	1	5	8
			1		1	1	
		7	6	7	3	6	2

d		3	9	0	7	0	9
	−		1	9	2	8	3
			1		1		
		3	7	1	4	2	6

3. Lea: Fehler B, richtige Rechnung:

	4	8	3	5	1	9
−				1	6	2
				1		
	4	8	3	3	5	7

Selim: Fehler A, richtige Rechnung:

	7	9	4	4	0	8
−			5	1	3	1
		1		1		
	7	8	9	2	7	7

Seite 22

1. a		1	2	7	5	4	7
	−			9	3	2	6
	−				2	4	5
			1	1	1	1	
		1	1	7	9	7	6

b		9	6	7	2	8	5
	−	1	2	5	1	6	0
	−			4	3	2	1
			1	1			
		8	3	7	8	0	4

Seite 23

2. a		7	2	6	8	7
	−		4	6	2	7
	−			4	2	4
		1	1		1	
		6	7	6	3	6

b		5	4	7	8	3	5
	−				2	2	6
	−			5	1	3	2
					1	1	
		5	4	2	4	7	7

c		2	5	8	6	5	4
	−		1	4	6	5	8
	−				1	8	2
				1	1	1	
		2	4	3	8	1	4

d		9	9	3	6	7
	−		5	9	2	4
	−			9	9	9
			2	1	1	
		9	2	4	4	4

3. a		8	9	5	1	9
	−	4	3	3	0	8
		4	6	2	1	1

b		4	2	9	3	8	1
	−	2	5	1	6	9	5
		1		1	1	1	
		1	7	7	6	8	6

c		8	4	5	9	4	2
	−	3	5	1	7	5	1
		1			1		
		4	9	4	1	9	1

d		4	9	7	2	3	1
	−	1	7	7	5	4	0
			1	1	1		
		3	1	9	6	9	1

Seite 24

1. a) 8109 · 5 = 40545
   b) 18904 · 3 = 56712
   c) 25412 · 6 = 152472
   d) 83723 · 9 = 753507
   e) 112092 · 7 = 784644
   f) 59364 · 8 = 474912

Seite 25

2. a) 472 · 40 = 18880
   b) 2401 · 60 = 144060
   c) 7884 · 80 = 630720
   d) 6907 · 90 = 621630
   e) 11678 · 50 = 583900
   f) 14019 · 70 = 981330
3. a) 613 · 400 = 245200
   b) 2037 · 300 = 611100
   c) 2107 · 400 = 842800
   d) 1906 · 300 = 571800
   e) 1578 · 600 = 946800
   f) 1026 · 800 = 820800

Seite 26

1. a) 302 · 41 = 12382
   b) 258 · 36 = 9288
   c) 871 · 25 = 21775
   d) 164 · 24 = 3936
   e) 496 · 86 = 42656
   f) 1407 · 213 = 299691

Seite 27

2. a) 824 · 126 = 103824
   b) 412 · 252 = 103824
   c) 302 · 124 = 37448
   d) 296 · 172 = 50912
3. a) Das größte Produkt ergibt sich bei:
   6421 · 8 = 51368
   b) Das kleinste Produkt ergibt sich bei:
   2468 · 1 = 2468

Seite 29

1\.

```
a   7 6 2 : 3 = 2 5 4
   -6
    1 6
   -1 5
      1 2
     -1 2
        0

b   5 7 2 : 4 = 1 4 3
   -4
    1 7
   -1 6
      1 2
     -1 2
        0
```

2\.

```
a   1 6 5 9 : 7 = 2 3 7
   -1 4
      2 5
     -2 1
        4 9
       -4 9
          0

b   5 9 2 5 : 3 = 1 9 7 5
   -3
    2 9
   -2 7
      2 2
     -2 1
        1 5
       -1 5
          0

c   8 5 2 4 : 4 = 2 1 3 1
   -8
    0 5
     -4
      1 2
     -1 2
        0 4
         -4
          0

d   9 3 9 6 : 3 = 3 1 3 2
   -9
    0 3
     -3
      0 9
       -9
        0 6
         -6
          0

e   7 1 0 5 : 5 = 1 4 2 1
   -5
    2 1
   -2 0
      1 0
     -1 0
        0 5
         -5
          0

f   5 1 0 4 : 2 = 2 5 5 2
   -4
    1 1
   -1 0
      1 0
     -1 0
        0 4
         -4
          0
```

Seite 30

Die Überschläge sind Beispiellösungen.

1\. a) Ü: 1800 : 6 = 300; 1686 : 6 = 281

b) Ü: 1400 : 4 = 350; 1396 : 4 = 349

Seite 31

2\. a) Ü: 15000 : 3 = 5000
15522 : 3 = 5174

b) Ü: 56000 : 7 = 800
53494 : 7 = 7642

3\. a) Ü: 6000 : 3 = 2000
Das zweite Ergebnis könnte stimmen.
5964 : 3 = 1988

b) Ü: 6000 : 5 = 1200
Das zweite Ergebnis könnte stimmen.
5795 : 5 = 1159

c) Ü: 1700 : 4 = 425
Das zweite Ergebnis könnte stimmen.
1672 : 4 = 418

Seite 32

1\.

```
a   4 5 6 : 1 2 = 3 8
   -3 6
      9 6
     -9 6
        0

b   8 8 8 : 1 2 = 7 4
   -8 4
      4 8
     -4 8
        0
```

```
c   2580 : 15 = 172
   -15
    108
   -105
      30
     -30
       0
```

```
d   1815 : 15 = 121
   -15
     31
    -30
     15
    -15
      0
```

```
b   1680 : 5 = 336
   -15
     18
    -15
      30
     -30
       0
```

```
c   1542 : 6 = 257
   -12
     34
    -30
      42
     -42
       0
```

Seite 33

2. a) 38580 : 12 = 3215
   Probe: 3215 · 12 = 38580
   b) 59598 : 14 = 4257
   Probe: 4257 · 14 = 59598

Seite 34

```
1. a   8627 : 6 = 1437 R 5
      -6
       26
      -24
        22
       -18
        47
       -42
         5
```

```
b   24198 : 7 = 3456 R 6
   -21
     31
    -28
      39
     -35
       48
      -43
        6
```

Seite 35

```
2. a   1424 : 4 = 356
      -12
        22
       -20
         24
        -24
          0
```

Seite 36

```
1. a    248073        b    669437
      +  52799           +  29618
        11  11               11  1
        300872             699055
```

```
c    362759        d    31568
   -  28799           -  7989
        111              1111
     333960             23579
```

```
2. a    79413        b    244299
      - 29106           + 67235 0
            1              1   1
        50307             916649
```

Seite 37

3. a) 61813 · 7 = 432691
   b) 9376 · 80 = 750080
   c) 20902 · 36 = 752472
   d) 3415 · 127 = 433705
4. a) Ü: 4200 : 6 = 700
      4296 : 6 = 716
   b) Ü: 4700 : 4 = 1175
      4756 : 4 = 1189

Seite 38

1.
a)

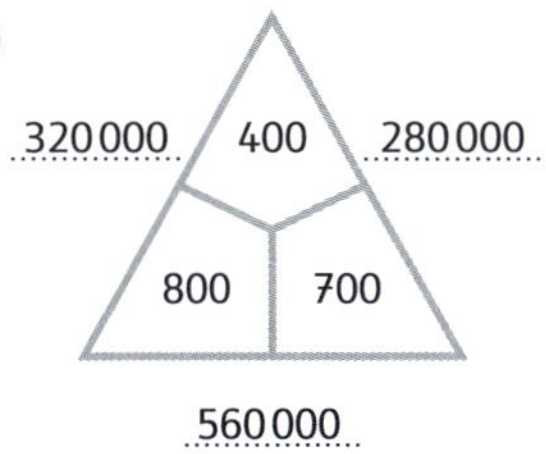

b)

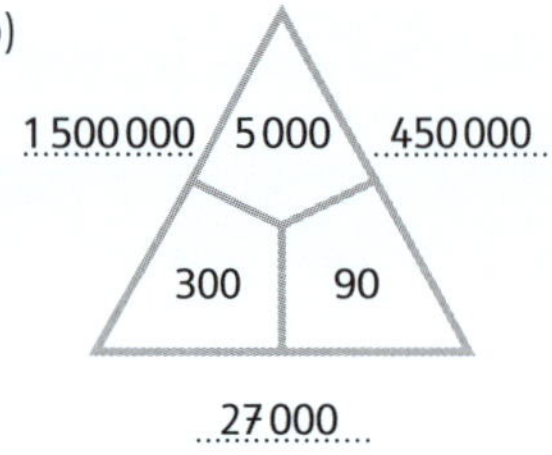

c)

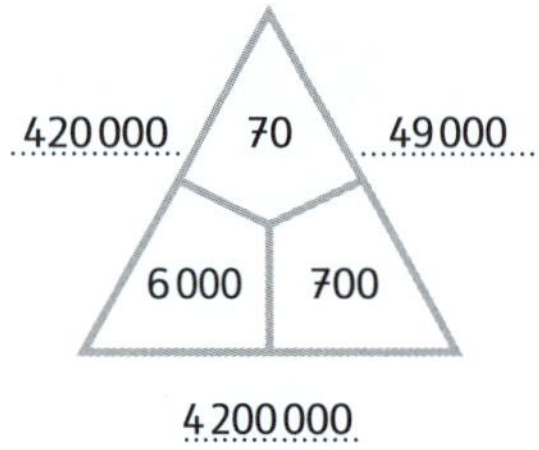

d)

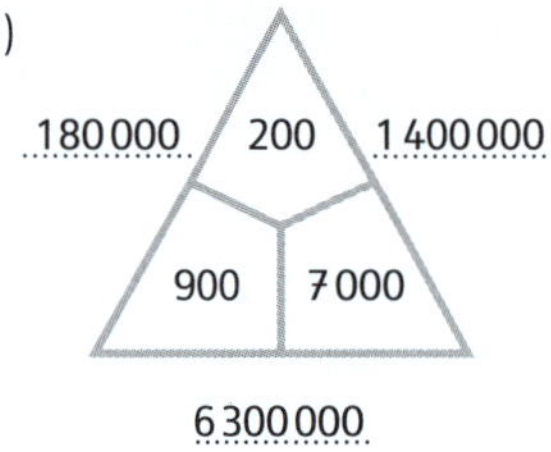

d)

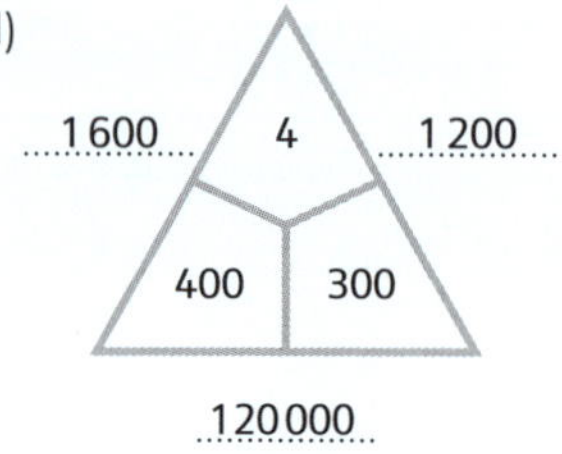

e)

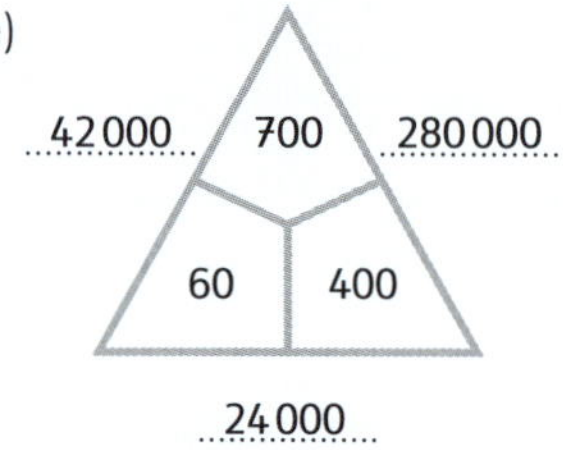

f)

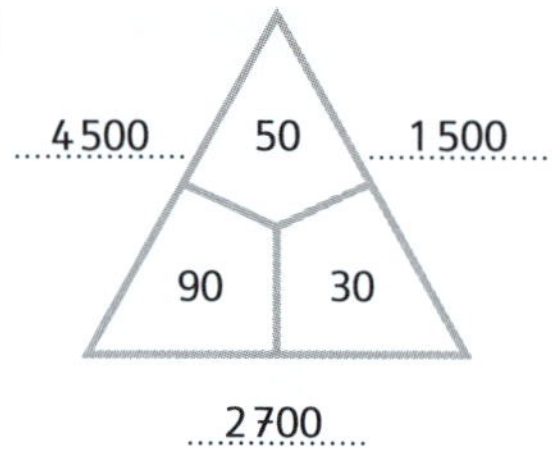

Seite 39

2.

a)

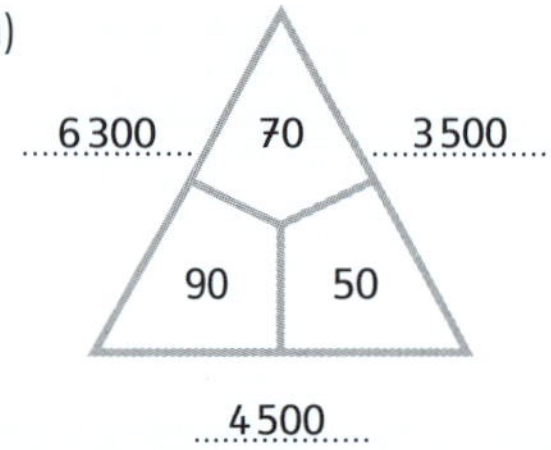

b)

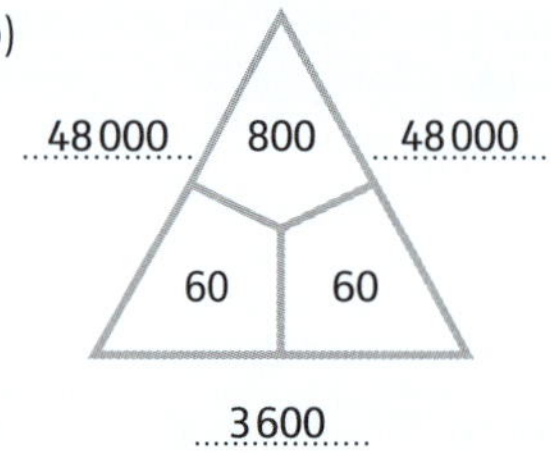

c)

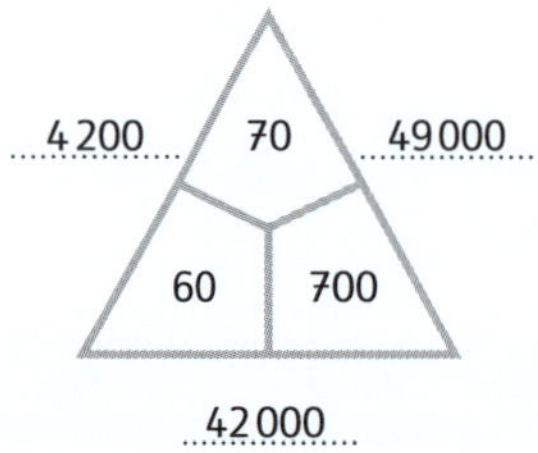

Seite 40

1. a) 74300 + 820 = 75120
   b) 8000 · 70 = 560000
   c) 17000 – 8100 = 8900
   d) 810000 : 900 = 900
   e) 7 · 60000 = 420000
   f) 43570 + 2 · 2500 = 48570
   g) 180000 : 3000 = 60
   h) 1279 – 625 = 654

Seite 41

2. a) 40 · 70 = 2800:
   Die Zahl ist 40.
   b) 28000 : 4 = 7000:
   Die Zahl ist 28000.
   c) 23075 – 780 = 22295:
   Die Zahl ist 23075.
   d) 20010 +1387 = 21397:
   Die Zahl ist 20010.
3. a) 20 + 25 = 45; 20 · 25 = 500
   Die Zahlen sind 20 und 25.
   b) 20 · 20 = 400; 20 – 20 = 0.
   Die Zahlen sind beide gleich 20.

Noch mehr Übungen zu den schriftlichen Rechenverfahren findest du im zweiten Kapitel des Bands *Fit fürs Gymnasium* ***Intensiv-Trainer Übertritt 4 → 5 Mathematik*** (978-3-507-23272-3)

Rechenregeln

Seite 42

1. a) 50 + 5 · 4 = 50 + 20 = 70
   200 : 20 – 5 = 10 – 5 = 5
   1870 – 20 · 7 = 1870 – 140 = 1730.
   90 · 4 + 12500 = 360 + 12500 = 12860
   b) 18250 + (75 – 25) = 18300
   (1450 – 350) : 10 = 1100 : 10 = 110
   25000 : (750 – 250) = 25000 : 500 = 50
   (81000 – 11000) · 3 = 70000 · 3
   = 210000

Seite 43

2. a) 240000 : (800 – 200)
   = 240000 : 600 = 400
   240000 : 800 – 200
   = 300 – 200 = 100
   36000 – 6000 · 6
   = 36000 – 36000 = 0
   (36000 – 6000) · 6 =
   30000 · 6 = 180000
   b) 270 + 180 : 9 = 270 + 20 = 290
   (270 + 180) : 9 = 450 : 9 = 50
   100 · 800 – 80 = 79 920
   100 · (800 – 80) = 100 · 720 = 72000
3. a) 40 · 6 + 85 = 240 + 85 = 325
   b) (12370 + 630) : 10
   = 13000 : 10 = 1300

Seite 44

1. 18, 24, 30, 36, 42
2. 56, 63, 70, 77, 84, 91
3. 81, 90, 99, 108, 117, 126

Seite 45

4. a) Vielfache von 11: 11, 33, 110, 1925
   b) Vielfache von 55: 110, 550, 1 265, 2 365
5. Teiler von 20: 1, 2, 4, 5, 10, 20
6. Teiler von 24: 1, 2, 3, 4, 6, 8, 12, 24
7. Teiler von 32: 1, 2, 4, 8, 16, 32
8. aufgeführte Teiler von 45: 1, 3, 5, 9, 15
9. aufge. Teiler von 96: 1, 3, 4, 6, 24, 48

Seite 47

1.

	81316	71920	7312	6705
t. d. 2	x	x	x	
t. d. 4	x	x	x	
t. d. 5		x		x
t. d. 8		x	x	
t.d. 10		x		

2. beispielsweise 16, 80, 104

3.

	1890	7254	2000	12753
t. d. 3	x	x		x
t. d. 6	x	x		
t. d. 9	x	x		x

4. beispielsweise 9, 81, 1 452
5. beispielsweise 66, 90, 102
6. beispielsweise 81, 99, 189

Seite 48

1. aufgeführte Primzahlen:
   23, 31, 47, 421

Seite 49

Primzahlen bis 100:
2, 3, 5, 7, 11, 13, 17, 19, 23, 29, 31, 37, 41, 43, 47, 53, 59, 61, 67, 71, 73, 79, 83, 89, 97

Gemischte Übungen

Seite 50

1. A 872916 – 12000 = 860916
   874916 – 11500 = 863416
   876916 – 11000 = 865916
   Der Minuend wird in jedem Schritt um 2000 größer, der Subtrahend um 500 kleiner:
   878916 – 10500 = 868416
   B 443529 – 210000 = 233529
   443529 – 215000 = 228529
   443529 – 220000 = 223529
   Der Minuend bleibt gleich groß, der Subtrahend wird in jedem Schritt um 5000 größer.
   443529 – 225000 = 218529
2. Deshalb wird die Differenz um 5000 kleiner. Can beschreibt Aufgabenmuster B.

Seite 50

3. Deshalb wird die Summe um 200 größer.
   280231 + 25400 = 305631
   277831 + 28000 = 305831
   275431 + 30600 = 306031
   273031 + 33200 = 306231
4. a) 122324 + 123425 + 184356
   = 430105
   b) 23967 + 312 + 8964 = 33243

Seite 52

1. 40992 : 12 = 3416
   Probe: 3416 · 12 = 40992
2.

```
 37620 : 30 = 1254
-30
  76
 -60
  162
 -150
   120
  -120
     0
```

Seite 53

3.

a) 800 | 4 | 1200
200 | 300
60000

b) 4200 | 7 | 1400
600 | 200
120000

c) 990 | 110 | 99000
9 | 900
8100

d) 30000 | 40 | 2400
750 | 60
45000

e) 2000 | 40 | 360000
50 | 9000
450000

f) 15000 | 30 | 9000
500 | 300
150000

Seite 54

1. a) 3500 + 2100 : 7
   = 3500 + 300 = 3800
   b) (3500 + 2100) : 7
   = 5600 : 7 = 800
   c) 200 · 300 − 30
   = 60000 − 30 = 59970
   d) 200 · (300 − 30)
   = 200 · 270 = 54000
2. 70 · (8 + 192) = 70 · 200 = 14000
3. 55, 60, 65, 70, 75, 80
4. 72, 80, 88, 96, 104, 112

Seite 55

5. angeführte Teiler von 100 sind:
   1, 2, 4, 5, 10, 20, 50, 100
   Teiler von 75 sind:
   1, 3, 5, 15, 25, 75

6.

	91204	64615	3322	2800
t. d. 2	x		x	x
t. d. 4	x			x
t. d. 5		x		x
t. d. 8				x
t.d. 10				x

7.

	2790	1264	1809	33333
t. d. 3	x		x	x
t. d. 6	x			
t. d. 9	x		x	